BEI GRIN MACHT SICH IHR WISSEN BEZAHLT

- Wir veröffentlichen Ihre Hausarbeit,
  Bachelor- und Masterarbeit

- Ihr eigenes eBook und Buch -
  weltweit in allen wichtigen Shops

- Verdienen Sie an jedem Verkauf

Jetzt bei www.GRIN.com hochladen und kostenlos publizieren

Narrowband-IoT. Implementierung auf dem Markt und Herausforderungen

Ehsan Omid

Bibliografische Information der Deutschen Nationalbibliothek:

Die Deutsche Nationalbibliothek verzeichnet diese Publikation in der Deutschen Nationalbibliografie; detaillierte bibliografische Daten sind im Internet über http://dnb.d-nb.de abrufbar.

ISBN: 9783346366528
Dieses Buch ist auch als E-Book erhältlich.

Druck und Bindung: Books on Demand GmbH, Norderstedt Germany
Gedruckt auf säurefreiem Papier aus verantwortungsvollen Quellen

Das vorliegende Werk wurde sorgfältig erarbeitet. Dennoch übernehmen Autoren und Verlag für die Richtigkeit von Angaben, Hinweisen, Links und Ratschlägen sowie eventuelle Druckfehler keine Haftung.

Das Buch bei GRIN: https://www.grin.com/document/993040

Seminararbeit

Narrowband-IoT

Studiengang Wirtschaftsinformatik

Ehsan Omid

vorgelegt dem:

Fachbereich Mathematik, Naturwissenschaften und Datenverarbeitung
der Technischen Hochschule Mittelhessen

Modul: Wirtschaftsinformatik-Seminar I

Friedberg, 2019

Inhaltsverzeichnis

Abkürzungsverzeichnis

- 3GPP = 3rd Generation Partnership Project
- Hz = Hertz
- IoT = Internet of Things
- kHz = Kilohertz
- LPWA = Low Power Wide Area
- LPWAN = Low Power Wide Area Network
- LTE = Long Term Evolution
- LTE Cat = LTE Category
- M2M = Machine to Machine
- MHz = Megahertz
- MME = Mobility Management Entity
- NB-IoT = Narrowband-IoT
- SGW = Serving Gateweay
- PGW = Packet Data Network Gateway
- UE = User Equipment

Abbildungsverzeichnis

Abstract

Das Internet of Things (IoT, auf Deutsch: Internet der Dinge) ist einer der größten Digitalisierungstreiber und in fast allen Branchen angekommen. Doch die Herausforderungen sind komplex, da noch, bevor es zur eigentlichen Umsetzung kommen kann, die Basis in Form von verlässlichen und vor allem zukunftsfähigen Technologien gelegt werden muss. Bei einer dieser Technologien handelt es sich um Narrowband-IoT, welches in der Zukunft bis zu Millionen von Geräten vernetzen, und hierbei eine hohe Reichweite und niedrigen Energieverbrauch gewährleisten soll. Die vorliegende Arbeit wird zunächst mit einer Einleitung zu den Anforderungen an den Markt der Zukunft, in Bezug auf IoT, beginnen. Danach folgen eine Definition und die Zielsetzung dieser Technologie. Im Anschluss werden einige Szenarien aufgezeigt, in denen NB-IoT eingesetzt werden kann. Im darauffolgenden Kapitel wird auf die Komponenten eingegangen, mit denen NB-IoT implementiert wird und zudem ein Überblick über den technischen Ablauf der Kommunikation gegeben. Danach wird erläutert wie sich NB-IoT im Markt einordnet und welche Herausforderungen es hat und ein Fazit gezogen.

1. Einleitung

Im Zeitalter des Internet of Things (IoT) wird alles miteinander verbunden, was irgendwie sinnvoll vernetzt werden kann. Während beim Internet of People (IoP) noch der Zweck war, Menschen untereinander zu vernetzen, liegen in der nächsten digitalen Revolution Maschinen im Fokus. Diese sollen mit Sensoren und Modulen ausgestattet werden, die die Basis für die vernetzte Gesellschaft legen sollen. Diese müssen meist lediglich eine kleine Menge an Daten, frequentiert, an einen Empfänger senden, der diese weiterverarbeiten kann. Als passendes Medium für diese M2M (Machine to Machine) Kommunikation eignen sich hierfür drahtlose Netzwerke, wie zum Beispiel das Mobilfunknetz. Aber obwohl dieses eine gute Abdeckung bietet, sind WLAN, Bluetooth und co. nicht dafür ausgelegt auf Dauer nur eine kleine Menge an Daten über viele Kilometer hinweg hin und her zu versenden. Einerseits würde zu viel Energie verbraucht werden, weil man, die vorhandenen Netze, welche auf hohe Datenraten ausgelegt sind, nicht vollends ausreizen würde – diese Ineffizienz würde in höhere Kosten münden. Des Weiteren würde die Infrastruktur früher oder später unter der Last der zunehmenden Anzahl an Geräten und Sensoren zusammenbrechen. Aus diesem Grund wurden Netzwerke entwickelt, die eine noch höhere Abdeckung bei niedrigem Stromverbrauch bieten sollen – die sogenannten Low Power Wide Area Networks (kurz: LPWANs, auf Deutsch: Niedrigenergie-Weitverkehr-Netzwerke)[1].

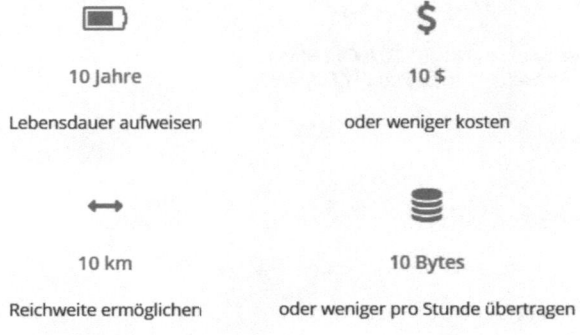

10 Jahre

Lebensdauer aufweisen

10 $

oder weniger kosten

10 km

Reichweite ermöglichen

10 Bytes

oder weniger pro Stunde übertragen

---

[1] Vgl. (Deutsche Telekom AG, 2019)

In Abbildung 1 sind vier Ziele genannt, die ein LPWA-Protokoll erfüllen soll. Hierzu zählen eine ununterbrochene Batterielaufzeit von 10 Jahren zu gewährleisten, eine Reichweite von mindestens zehn Kilometern zu erreichen, Anschaffungskosten für Module sollen sich auf maximal 10$ belaufen und pro Stunde sollten nicht mehr als 10 Bytes übertragen werden.

Ein Netzwerk was auf diesem LPWA-Protokoll basiert, ist Narrowband-Internet of Things (kurz: NB-IoT) und bedeutet übersetzt Schmalband-Internet der Dinge. Im Bereich der Kommunikationstechnik beschreibt der Begriff Schmalband, einen Übertragungskanal mit sehr geringer Bandbreite, der im Niedrigfrequenzspektrum Daten überträgt.

1.1 Definition

NB-IoT wurde von 3GPP, und den Firmen Huawei und Ericsson entwickelt und wurde im Rahmen des 3GPP-Release 13 im Juni 2016 als Kommunikationstechnologie standardisiert – dort offiziell unter dem Namen LTE Cat NB. Bei der 3GPP handelt es sich um das 3rd Generation Partnership Project, einer weltweiten Kooperation von Standardisierungsgremien für die Standardisierung im Mobilfunk, die sich für die stetige Entwicklung dessen einsetzen.[2] Wie der Name LTE Cat NB vermuten lässt, handelt es sich hierbei um eine Technologie, welche auf LTE aufbaut. Es wurde spezifisch im Hinblick auf die Anforderungen an den zukünftigen Markt, bezüglich einer effizienten Lösung für IoT, entwickelt. Abgezielt hat man es vor allem auf ressourcenbeschränkte Geräte, zum Beispiel eine geringe Rechenleistung haben, oder, mit der Netzwerkanbindung Probleme haben – aber auch Probleme mit der Akkulaufzeit zählen hierzu. Des Weiteren spielen mögliche hohe Latenzzeiten keine Rolle.

NB-IoT erfüllt diese Anforderungen. Zunächst einmal arbeitet es im Niedrigfrequenzbereich, was vor allem interessant für Endgeräte ist, die geringe Datendurchsatzmengen haben und nicht fortlaufend Daten übertragen müssen. Damit einhergehend wird ein geringer Energieverbrauch ermöglicht. Außerdem werden eine hohe Reichweite sowie eine tiefe Gebäudedurchdringung erreicht, sodass selbst ein Austausch zu Geräten in vorher schwer abdeckbaren Gebieten möglich wird. Weitere Vorteile kann man Abbildung 2 entnehmen.

Abbildung 2: Vorteile NB-IoT – Infografik

Anhand Abbildung 3 hat man eine bessere Vorstellung wie sich NB-IoT bzw. die Gruppe der LPWA-Netzwerke im restlichen Spektrum der Drahtlosnetzwerke einordnen lassen. Während es sich bei WiFi um einen Standard handelt, der keine hohe Reichweite besitzt und zusätzlich viel Strom verbraucht, konsumieren Technologien wie Bluetooth und co. weniger Strom. Das Mobilfunknetz erreicht zwar eine hohe Reichweite, jedoch schaffen es nur LPWANs zusätzlich wenig Strom zu verbrauchen. Somit ergänzen sie den Markt sinnvoll.

[2] Vgl. (Flynn, Kevin, 2015, o.S)

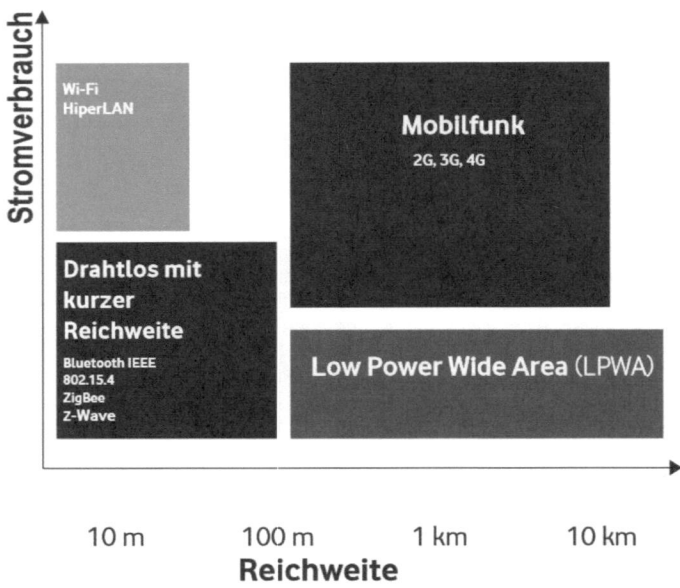

Abbildung 3: Drahtlostechnologien am heutigen Markt (Stand 2017)

Abbildung 4 zeigt eine Übersicht der Spezifikationen, mit denen NB-IoT ausgestattet ist. Die Netzabdeckung beläuft sich auf 164 dB, wohingegen noch diese bei GSM (2G) auf 144 dB belief. Dies entspricht umgewandelt einer siebenmal größeren Reichweite. Ebenfalls handelt es sich, wie bei LTE, um eine lizenzierte Frequenz, was Stabilität hinsichtlich der Verbindungen bedeutet. Duty Cycle-Einschränkungen, also die Pflicht, pro Tag eine bestimmte Anzahl an Rückmeldungen an das Netzwerk zu senden, gibt es ebenfalls keine, was für mehr Flexibilität spricht. Beim Downlink und Uplink können maximal jeweils bis zu 200 kbit/s bzw. 180 kbit/s erreicht werden (diese Begriffe werden im späteren Verlauf der Arbeit erläutert). Die Batterielaufzeit läuft bei einem täglichen Senden von 200 Byte pro Tag auf 15 Jahre, was in Einklang mit der Definition von 3GPP über LPWANs ist. Weiterhin beliefen sich die Kosten, Stand 2017, noch auf 6$ pro Gerät und geplant ist, dass dies im Laufe des kommenden Jahres auf unter 2$ sinken soll. Eine hohe Sicherheit ist aufgrund der LTE-Sicherheitsstandards gegeben.

	NB-IoT
Netzabdeckung	164 dB
Technologie	Open LTE
Frequenz	Lizenziert (LTE/alle)
Duty Cycle-Einschränkungen	Nein
Einschränkungen für Ausgangsleistung	Nein (23 dBm = 200 mW)
Downlink-Datenrate	0,5 – 200 kbit/s
Uplink-Datenrate	0,3 – 180 kbit/s
Batterielaufzeit (200 Byte/Tag)	Über 15 Jahre
Modulkosten	6 $ (2017) bis <2 $ (2020)
Sicherheit	Sehr hoch

Abbildung 4: Wichtige technische Spezifikationen für NB-IoT

1.2 Mögliche Anwendungsszenarien

Im ersten Kapitel wurde erläutert, mit welchem Hintergrundgedanken NB-IoT konzipiert und entwickelt wurde. Im folgenden Abschnitt werden nun einige Anwendungsszenarien vorgestellt, die ein direkt von einem Arbeiten mit NB-IoT profitieren können.

Mögliche Einsatzfelder lassen sich im Wesentlichen in sechs Bereichen finden, wie man Abbildung 5 entnehmen kann.

Logistik	Utilities	Landwirtschaft
Tracking von Gütern	Smart Metering und Smart Grids	Wettersensoren, Tracking von Tieren
Umwelt	Smart Building	Smart City
Überwachen von Wasser-, Luft- & Lärmzustand	Alarmsysteme wie Feuermelder	Parksensoren, Müllentsorgung & Straßenlaternen

Abbildung 5: Mögliche Einsatzfelder von LPWA sind

So können im Logistiksektor Geräte und Sensoren eingesetzt werden, um die „just-in-time-Produktion" weiter zu optimieren. Man könnte so das Tracking (auf Deutsch: Verfolgen) von beispielsweise Frachtcontainern dafür nutzen, um eine permanente Lokalisierung möglich zu machen. Verbraucher könnten davon profitieren, die Lieferkette der gewünschten Ware in Echtzeit zu überwachen und bei Problemen, Verlust oder Verzögerungen schnell reagieren. Im Bereich Smart Metering und Smart Grids bieten sich diverse Einsatzmöglichkeiten. Zwei konkrete Beispiele stellen hierbei Gas- und Wasserzähler dar. Solche können unter Kanaldeckeln oder in Gebäudekellern untergebracht sein, wo der Mobilfunkempfang meist unzuverlässig ist. Des Weiteren sind diese nicht am Strom angeschlossen. Aus diesem Grund würden batteriebetriebene NB-IoT-Module eine ideale Lösung zur Überwachung darstellen. Zudem hätte es den Vorteil, dass die Anbieter die Werte auch ablesen könnten, ohne dass der Kunde hierfür Zuhause sein muss. Auch in der Landwirtschaft werden Geräte eingesetzt, die ohne Stromzugang arbeiten müssen – zum Beispiel in der Präzisionslandwirtschaft, wenn der Zustand des Ackers überwacht werden muss – und dabei eine Laufzeit von mehreren Jahren anstreben müssen. Aber auch Anwendungsfälle, die erfordern, dass man in unbewohnbaren Gebieten Wettermessungen vornehmen muss, würden direkt durch die erhöhte Reichweite profitieren können. Nach dem gleichen Prinzip wie beim Smart Metering könnten auch Applikationen im Bereich Smart Building von NB-IoT profitieren, so wie es u.a. der Fall bei Alarm- und Rauchmeldern ist. Diese werden in Massen produziert und erfordern ein manuelles Überprüfen von Personal in einem regelmäßigen Abstand. Durch eine batteriegestützte Vernetzung könnte man Kosten für dieses einsparen und die Werte als Anbieter auch von außerhalb erfassen. Eines der größten Einsatzfelder findet sich bei Anwendungen einer Smart City. Diese verfolgt das Ziel, den Alltag in urbanen Räumen effizienter zu machen und hierbei stellt NB-IoT eine passende Lösung dar. Angefangen beim sogenannten Smart-Parking (auf Deutsch: Intelligentes Parken), einem intelligenten Parkleitsystem, welches Autofahrer auf dem kürzesten Weg zum nächsten freien Parkplatz führen soll. Die Messgeräte dieses Systems müssen nur ein Signal übermitteln, ob ein Parkplatz verfügbar ist oder nicht, und dies muss zudem nicht permanent und in Echtzeit erfolgen. Weiterhin gibt es das Konzept des Smart-Waste-Managements (auf Deutsch: Intelligente Müllversorgung), einem intelligentem Abfallmanagement-System, welches dafür sorgen soll, dass Mülltonnen nicht mehr nach einem festen Zeitplan, sondern nur noch in Abhängigkeit von ihrem Füllstand geleert werden. Hierdurch könnten die Fahrtrouten der Müllfahrzeuge reduziert, und Zeit und Kosten gespart werden. Zuletzt noch könnte man Straßenlaternen vernetzen und diese aus der Ferne bedienen. In Abhängigkeit von den Bewegungen von Fußgängern, Fahrradfahrern und Autos könnte man je nach Fall die Helligkeit anpassen und dafür sorgen, dass Defekte sich selbstständig melden würden. Dies mit NB-IoT ausgestattet, würde für eine angepasste Betreibung der Straßenbeleuchtung sorgen, was den Stromverbrauch, Wartungskosten sowie Lichtverschmutzung senken würde.[3]

2. Implementierung von NB-IoT

Um NB-IoT für eine Funkzelle zu aktivieren, reicht es, wenn man ein Software-Upgrade auf eine LTE-Basisstation aufspielt. Danach muss seitens des Verbrauchers nur noch ein NB-IoT-Modul angeschafft werden, welche mit SIM-Karten ausgestattet werden. Diese bringen durch die 3GPP entwickelte Sicherheitsstandards mit, wie sie auch bei LTE genutzt werden, wie zum Beispiel Datenverschlüsselung. Die Nutzung einer von der 3GPP standardisierten SIM hat den Vorteil, dass auch ein internationaler Einsatz ermöglicht wird.[4]

---

[3] Vgl. (Deutsche Telekom AG, 2017, S. 8 f.)
[4] Vgl. (Deutsche Telekom AG, 2019, S. 10 f.)

Um NB-IoT nun an einer LTE-Basisstation zu integrieren, stehen drei Optionen zur Verfügung, wie man Abbildung 6 entnehmen kann. Diese sind entweder die „in-band" (auf Deutsch: Im Band), die „guard-band" (auf Deutsch: Schutzband) oder die „standalone" (auf Deutsch: Eigenständig) Installation. Bei den ersten beiden Varianten handelt es sich um die Fälle, auf denen die meisten Use-Cases in Zukunft setzen werden, da die dritte die Kostspieligste von ihnen ist.[5] Bei der „in-band"-Installation wird hierbei in die LTE-Systembandbreite von 20 MHz ein 200 kHz NB-IoT-Band eingesetzt. Bei einer „guard-band"-Installation geschieht dies wiederum im Schutzband, welches ohnehin ein ungenutzter Bereich zwischen zwei benachbarten Funkbereiche ist. Bei der letzten Form der Installation, der „standalone"-Installation, wird das Band in das Spektrum des GSM-Bandes eingesetzt.[6]

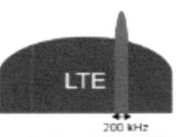  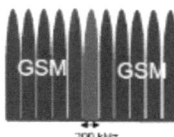

In-Band NB-LTE   NB-LTE in Guard Band   NB-LTE as Standalone in GSM Carrier

Abbildung 6: Die drei Installationsmöglichkeiten von NB-IoT

2.1 Technischer Hintergrund

Nachdem im vorherigen Kapitel erklärt wurde, wie die Installation von NB-IoT an eine LTE-Basisstation abläuft, möchte ich nun die Kommunikation zwischen Endgeräten und den Empfängern, mittels NB-IoT, erläutern.

Grundsätzlich werden bei der drahtlosen Kommunikation elektromagnetische Funkwellen verwendet, um Daten von einem Transmitter (auf Deutsch: Funksender) zu einem Receiver (auf Deutsch: Funkempfänger) zu übertragen. Das hierbei verwendete Übertragungsmedium ist Luft, weswegen man diese Art von Übertragung auch „over the air" nennt. Die elektromagnetischen Wellen erstrecken sich von 3 Hz (Hertz) bis hin zu 3 THz (Terahertz). Hierin arbeiten die aus dem Alltag bekannten Standards, wie Radiowellen, welche im Niedrigfrequenzsektor anzufinden sind, aber auch WiFi, Bluetooth, das Mobilfunknetz und entsprechend die LPWA-Technologien, wie NB-IoT.[7]

Nun wird anhand Abbildung 7 die Kommunikation zwischen zwei Geräten näher erläutert. Beide besitzen jeweils eine Funkschnittstelle mit dazugehöriger Antenne. Hierbei fungiert jeweils eine Schnittstelle hauptsächlich als Transmitter, während die andere die Rolle eines Receivers annimmt. Die zu übertragenden Daten sind im Speicher des Receivers gespeichert. Wenn nun eine Übertragung stattfinden soll, werden diese Daten vom Speicher des Ausgangsgeräts an das Funkempfängermodul desselbigen weitergegeben. Dieses wandelt dann die Daten in Funksignale um und kann diese dann über die Antenne „over the air" übertragen. Ist die Antenne des Receivers auf die gleiche Frequenz gestellt, kann diese die Funksignale empfangen und entsprechend verarbeiten.

---

[5] Vgl. (Vodafone Gruppe, 2017, S.10)
[6] Vgl. (SmartMakers GmbH, 2018, S. 10 f.)
[7] Vgl. (DATACOM Buchverlag, 2019, o.S.)

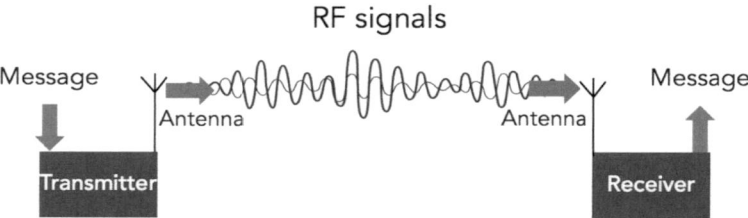

Abbildung 7: A Wireless Communication System

Bei NB-IoT handelt es sich um einen halbduplexen Kommunikationskanal. Unter Duplex versteht man die Richtungsunabhängigkeit eines Kommunikationskanals. Hierbei ist ein halbduplexer Kanal dadurch identifizierbar, dass Daten nicht nur in eine Richtung – vom Transmitter zum Receiver – sondern bei Bedarf auch umgekehrt, gesendet werden können. Aus diesem Grund bezeichnet man die beiden Funkschnittstellen zwischen zwei NB-IoT-Geräten als Transceiver (auf Deutsch: Sendeempfänger). Wichtig ist jedoch, dass immer nur eine Übertragung gleichzeitig stattfinden kann. Als Uplink bezeichnet man in diesem Fall die Übertragung von Daten vom Transmitter an den Receiver, und Downlink den genau umgekehrten Fall, was man anhand von Abbildung 8 sehen kann.

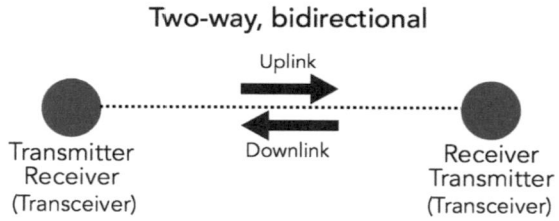

Abbildung 8: Types of Communication Connection

Ein Beispiel hierfür wäre die Kommunikation zwischen einem Handy und einer Mobilfunkstation. Wenn zum Beispiel Inhalte auf das Handy gestreamt werden sollen, wird seitens der Basisstation der Downlink genutzt; sollte das Handy Daten, zum Beispiel in Form einer SMS, weiterreichen wollen, wird der Uplink genutzt. Ein Gegenbeispiel zu einem halbduplexen Kanal stellt ein simplexer Kanal dar, der Daten nur in eine Richtung überträgt, aber keine Antwort vom Empfänger erhalten kann – dies ist beispielsweise beim Rundfunk der Fall. Ein Vorteil, den die bidirektionale Kommunikation ermöglicht, ist, dass Wartungen, sowie Software-Updates nicht vor Ort, sondern ebenfalls „over the air", durchgeführt werden können.

Zusätzlich besitzt es zwei Energiesparmodi, welche die Leistung und Effizienz maximieren sollen. Sind Geräte mit dem Netz verbunden, empfangen diese regelmäßig alle paar Sekunden Paging-Nachrichten (auf Deutsch: Ausruf-Nachrichten) vom Netz. Die Geräte sollen darauf reagieren, sodass das Netz genaue Informationen über sie erhält. Da dies zu Lasten der Akkulaufzeit gehen kann, sollen diese beiden Modi Abhilfe schaffen. Der Power Saving Mode (PSM) versetzt das Endgerät in einen Schlafmodus, der bis 310 Stunden andauern kann, und durch den keine Downlink-Übertragung vom Server zum Gerät stattfinden kann. Dieses kann dann wieder nur über einen internen Timer aufgeweckt werden. Beim Aufwachen wird keine zusätzliche Energie, für die erneute Registrierung des Gerätes im Netz, benötigt. Mit der Extended Discontinuous Reception (eDRX) kann man dafür sorgen, dass der Paging-Intervallzyklus auf bis zu fast 3 Stunden erhöht werden kann. Dadurch werden irrelevante Paging-Nachrichten an das Gerät vermieden und trotzdem kann es bei Bedarf vom Netz erreicht werden. Somit kann nan einen Kompromiss aus Stromverbrauch und Erreichbarkeit des Gerätes erzielen.[8]

Die LTE-Infrastruktur ist, wie man Abbildung 9 entnehmen kann, folgend aufgebaut:

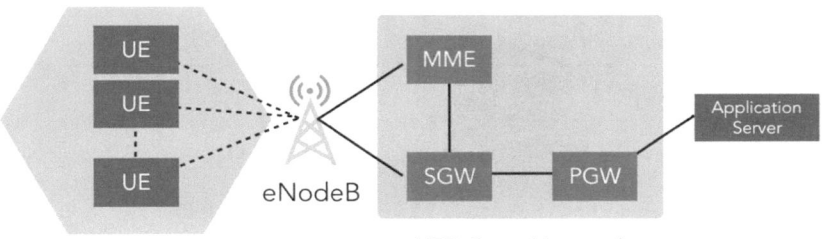

Abbildung 9: Network Architecture

Es setzt sich zusammen aus UEs (User Equipment, auf Deutsch: Endgeräte der Nutzer), welche alle mit der Basisstation kommunizieren, der sogenannten evolved Node B (kurz eNodeB). Ein Gebiet, welches durch eine eNodeB abgedeckt werden kann, nennt sich Funkzelle (hier als sechseckige Struktur dargestellt). Wiederum alle eNodeBs sind mit dem LTE Core Network (auf Deutsch: LTE Kernnetzwerk) verbunden. Die zu sendenden Daten müssen vorher durch dieses Netzwerk gehen, bevor sie am Zielort, dem Application Server (auf Deutsch: Anwendungsserver), ankommen können. Dieses besteht im Wesentlichen aus drei Komponenten. Der Mobility Management Entity (MME), dem Serving Gateway (SGW) sowie dem Packet Data Network Gateway (PGW). Nachdem ein Signal von einem UE losgesendet und an die eNodeB vermittelt wurde, reicht dieses an das LTE Core Network weiter. Dort wird dieses in der MME überprüft und zur Weitergabe authentifiziert. Das SGW ist eigentlich für die Kommunikation zweier eNodeBs untereinander verantwortlich, aber da es hier dieser Funktion nicht nachgehen muss, handelt es als eine Art Brücke und leitet das Signal an das PGW weiter. Dort teilt dieses dem UE eine IP-Adresse zu und das Datenpaket kann an den Application Server weitergegeben werden.[9]

<hr />

[8] Vgl. (Vodafone Gruppe, 2017, S.8)
[9] Vgl. (Holma, Toskala, 2011, S.25 - 33)

3. Einordnung von NB-IoT in der restlichen IoT Landschaft

NB-IoT läuft auf dem lizenzierten Funkspektrum. Hierdurch ergeben sich langfristig Vorteile. Man kann in Kooperation mit den entsprechenden Mobilfunkanbietern sich darauf verständigen, dass gewisse Frequenzen für diese Übertragungen explizit frei gehalten werden sollen und somit langfristig, trotz der anwachsenden Zahl an Use-Cases, der Last standhalten. Des Weiteren bietet NB-IoT eine kostengünstigere und effizientere Alternative zum Mobilfunknetz. Während sich noch die Preise eines 4G Moduls, wie sie beispielsweise in Smartphones verbaut sind, preislich auf ungefähr 40$ belaufen, sollen bis Ende 2020 NB-IoT-Module auf einen Preis von unter 5$ fallen. Des Weiteren sollen die Preise für die SIM-Karten auf 1$ fallen. Dies ist u.a. durch die geringen Kosten für Datenübertragung zu erreichen, da es nur geringe Übertragungsmengen im Niedrigfrequenzsektor gibt. Daraus ergeben sich unmittelbar auch ein geringerer Stromverbrauch bzw. eine längere Batterielaufzeit, welche sich mit zwei AA-Batterien bei „normalem" Einsatz auf mindestens 10 Jahre erstrecken kann.[10]

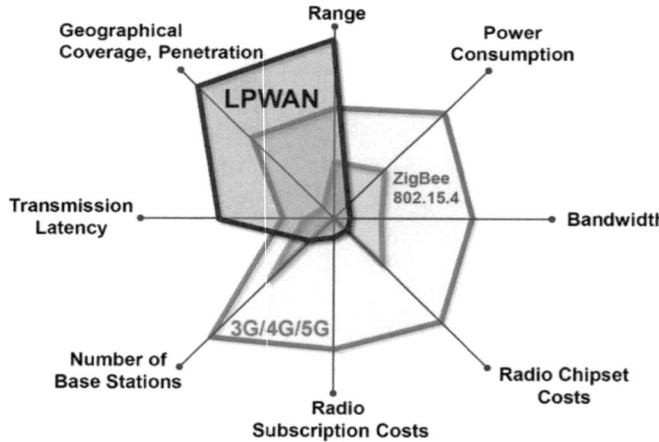

Abbildung 10: A technology and business model for the mass IoT

Abbildung 10 stellt dar, worin sich NB-IoT bzw. LPWANs im Vergleich zu Mobilfunk, anhand einiger technischer und wirtschaftlicher Faktoren, auszeichnen. So besitzt NB-IoT eine höhere Reichweite als die Mobilfunknetzwerke. Daraus kann man schlussfolgern, dass, geografisch betrachtet, für die Abdeckung eines Landes, weniger Basisstationen benötigt werden, um die gleiche Fläche abzudecken. Auch sinken demzufolge die Ausgaben für das Mieten von Basisstationen. Eine mit der niedrigen Bandbreite einhergehende hohe Latenzzeit, von 1,5 bis 10 Sekunden, spielt für die meisten Anwendungsbeispiele sowieso keine Rolle, da Echtzeitanfragen keine Rolle spielen.

---

[10] Vgl. (Weidmann, 2018, o.S.)

13

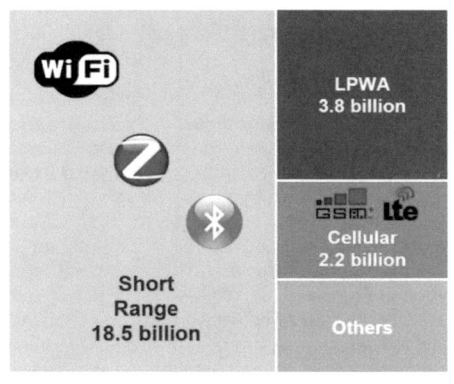

Source: Gartner (ex-Machina Research), 2015

Abbildung 11: LPWA will represent 20 to 25% of the IoT connectivity market by 2025

Wie man Abbildung 11 entnehmen kann, ist von Gartner prognostiziert worden, dass der Markt für Verbindungstechnik bis 2025 zu 20-25% aus IoT-Use-Cases, basierend auf LPWANs, bestehen wird, was bedeuten würde, dass LPWANs dann mehr Geräte „bedienen" würden, als es das Mobilfunknetz täte (dies entspräche 345 Millionen Geräten).[11]

Die Deutsche Telekom ist führend bei der Einführung von NB-IoT in Europa und Nordamerika. Zurzeit ist die Telekom in sieben europäischen Märkten sowie in den USA aktiv. Hierzu zählen Deutschland, die Niederlande, Tschechien, Polen, die Slowakei, Ungarn und Griechenland (siehe Abbildung 12). In Deutschland sind bereits über 600 Orte vernetzt, darunter Berlin, Köln und das Ruhrgebiet, und zudem bereits mehr als 200 Unternehmen aus unterschiedlichen Branchen nutzen es.[12]

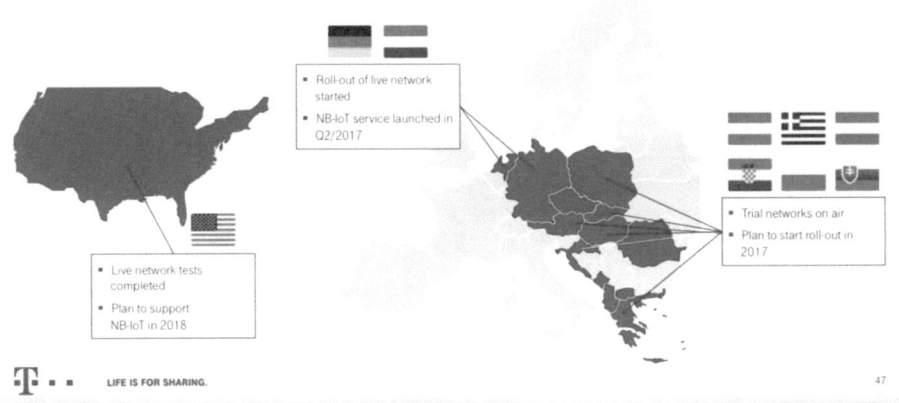

Abbildung 12: Deutsche Telekom NB-IoT Roll-Out Plans

[11] Vgl. (Arnold, 2016, o.S.)
[12] Vgl. (Weidmann, 2018, o.S.)

3.1 Herausforderungen

NB-IoT bietet sich grundsätzlich für jedes Gebiet mit Mobilfunkabdeckung an. Jedoch handelt es sich beim Frequenzspektrum um eine Ressource, die von Land zu Land unterschiedlich geregelt ist. Zwar sind diese durch das 3GPP international standardisiert, jedoch gibt es entsprechend landesspezifische Anbieter, weswegen für eine Abdeckung jeweils Lizenzen erworben werden müssen. Theoretisch müsste man sogar von jedem Anbieter in einem Land die Lizenzen erwerben, um die beste Abdeckung zu gewährleisten. Ebenfalls erwähnenswert in diesem Kontext ist, dass NB-IoT nicht zwingend nur in einem Land genutzt werden muss. Jedoch fallen, wie es typisch für den Mobilfunk ist, Roaming-Gebühren an, sollte man über Ländergrenzen hinweg arbeiten müssen. Des Weiteren würde man nicht bevorzugt werden beim Anfragen an das ausländische Netzwerk, was zur Einbuße der QoS führen könnte. Dies kann dafür sorgen, dass die Kostenplanung etwas erschwert wird, da man nicht Einfluss auf Roaming-Gebühren hat. Ein ähnliches Problem besteht auch in technischer Sicht – und zwar bei der Vorhersehbarkeit der Batterielaufzeit. Denn diese hängt von verschiedenen Faktoren ab, wie zum Beispiel der Häufigkeiten an Übertragungen und der jeweiligen Empfangssituation. So verbraucht ein Endgerät, mit größer werdender Distanz zu seiner Basisstation, auch mehr Energie. Dies sorgt dafür, dass man keine allzu allgemeine Aussage über die Laufzeit geben kann, was zur Folge hat, dass ebenfalls kein allgemeingültiger Wartungszeitpunkt angegeben werden kann, sondern dies immer individuell überprüft werden muss.

4. Fazit

Die NB-IoT Technologie bildet einen wichtigen Grundbaustein für die Herausforderungen der Zukunft rund um das Internet of Things. Die Vorteile liegen bei der hohen Reichweite und dem niedrigen Stromverbrauch, wobei es gleichzeitig die Vorteile eines lizenzierten Spektrums, in Form von Verschlüsselung und Stabilität, mit sich bringt. Es wird in den kommenden Jahren eine der gefragtesten Technologien in diesem Sektor werden. Es ist eine noch ausbaufähige Technologie, die man zum Beispiel hinsichtlich der Echtzeitdatenübertragung noch optimieren kann.

Literaturverzeichnis

HOLMA Harri. & TOSKALA Antti, 2011: LTE for UMTS. Evolution to LTE-Advanced – Second Edition, Wiley

Internetquellen

Arnold, Heinz (Zukünftige Entwicklung, 2016): Low-Power-WAN – welche Technik wird das Rennen machen? (01.04.2016),
https://www.elektroniknet.de/markt-technik/kommunikation/low-power-wan-welche-technik-wird-das-rennen-machen-128899.html, (Zugriff am 13.12.2019)

DATACOM Buchverlag (Frequenzen, 2019): Frequenzband, (08.02.2019),
https://www.itwissen.info/Frequenzband-frequency-band.html, (Zugriff am: 15.12.2019)

Deutsche Telekom AG (Anwendungsszenarien, 2017): Narrowband IoT – Bahnbrechend für das Internet der Dinge (Oktober 2017),
https://iot.telekom.com/resource/blob/data/125074/497a19b2ee06f5b0d7fa2c8929d84efe/narrowband-whitepaper-2017-deutsch.pdf, (Zugriff am 12.12.2019)

Deutsche Telekom AG (Übersicht, Anwendungsszenarien, Technischer Hintergrund, 2019): Mobile IoT Guide – How NB-IoT and LTE-M are helping the IoT take off (Februar 2019),
https://iotbusinessnews.com/download/white-papers/DEUTSCHE-TELEKOM-Mobile-IoT-Guide-2019.pdf, (Zugriff am 12.12.2019)

Eckstein, Michael (Übersicht, Technischer Hintergrund, 2017): So funktioniert LTE NarrowBand-IoT (27.11.2017),
https://www.elektronikpraxis.vogel.de/so-funktioniert-lte-narrowband-iot-a-665905/, (Zugriff am 12.12.2019)

FIEGL, Matthias (Übersicht, 2019): Wie Unternehmen mit NB-IoT heute das Morgen gestalten (29.07.2019),
https://businessblog.t-mobile.at/hubfs/Downloads/29072019 _Whitepaper_NB-IoT.pdf, (Zugriff am 04.12.2019)

FLYNN, Kevin (Standardisierung, 2015:): NarrowBand IOT (17.09.2015),
https://www.3gpp.org/news-events/3gpp-news/1733-niot, (Zugriff am 08.12.2019)

SmartMakers GmbH (Technische Umsetzung, 2018): NB-IoT Grundlagen – Übersicht der wichtigsten technischen Eigenschaften von Narrowband-IoT (März 2018),
https://cm.smartmakers.de/hubfs/SM-Documents/SmartMakers_NB-IoT-Grundlagen_Whitepaper.pdf, (Zugriff am 13.12.2019)

Vodafone Gruppe (Technische Umsetzung, 2017): Narrowband-IoT: Internet of Things (2017), https://www.vodafone.de/media/downloads/pdf/vodafone-whitepaper-narrowband-iot.pdf, (Zugriff am 14.12.2019)

Weidmann, Martina (Energie, 2018): Neues IoT-Netz: Telekom ebnet Internet der Dinge in Deutschland und Europa den Weg (23.01.2018),
https://www.telekom.com/de/medien/medieninformationen/detail/neues-iot-netz-512406, (Zugriff am 16.12.2019)